UNE MATINÉE DE LA PLACE MAUBERT,

VAUDEVILLE GRIVOIS,

EN UN ACTE ET EN PROSE.

Par M. ARGAUD-DEBARGES.

Représenté à Paris sur le théâtre de la Cité-Variétés, le 1er Frimaire, an 13.

A PARIS,
Chez HUGELET, Imprimeur, rue des Fossés-St.-Jacques, N° 4,
près la place de l'Estrapade, division de l'Observatoire.

AN XIII. — 1805.

PERSONNAGES.	ACTEURS.
RIPOPIN, Marchand de Vin...........	M. St-Marc.
REQUIQUI, filleul de M. Ripopin.........	M. Leclerc.
MADRIGAL, Ecrivain public, caricature, avec une mouche sur un œil............	M. Bernos.
LAVIOLETTE, Sergent de la Garde sédentaire, amant de Fanchette.........	M. Frédéric.
GUILLAUME, Fort de halle, amoureux de Fanchette........................	M. Chapsal.
FANCHETTE, fille de Ripopin............	Mme Cornil.
Mlle BONBEC, Poissarde...............	Mlle Berger.

La Scène se passe à la Place Maubert, devant la porte de M. Ripopin.

Permis ce jeudi 13 Floreal an 12 de la république française.
Signé Felix-Nogaret.

Vu l'approbation, permis d'afficher et représenter, ce 21 Floréal an 12. Pour le conseiller d'état préfet de police, le chef de la 5me division. Signé J.-B. Boucheseche.

Je défends à tous Directeurs ou Entrepreneurs de spectacles, de la faire représenter sans mon ordre formel et par écrit.

Je déclare avoir cédé à M. Hugelet, imprimeur, la pièce ayant pour titre *une Matinée de la Place Maubert*, vaudeville en un acte de ma composition; laquelle pièce il peut imprimer, vendre et faire vendre en tel nombre d'exemplaires qu'il lui plaira, me réservant les droits d'auteur par chaque représentation qu'on pourra donner sur les théâtres de l'Empire français.

Paris, ce 2 Frimaire, an 13. *Signé Argaud-Debarges.*

Je déclare que je poursuivrai tous contrefacteurs et distributeurs d'éditions contrefaites qui ne porteraient pas le fleuron qui est au frontispice de la présente Pièce, et qui indique les lettres initiales de mon nom.

J. A. Hugelet

UNE MATINÉE DE LA PLACE MAUBERT.

Le Théâtre représente la Place Maubert, on voit d'un côté la boutique de Ripopin, et de l'autre le Bureau de Madrigal. Au lever du rideau, il est quatre heures du matin.

SCENE PREMIÈRE.

REQUIQUI, *seul.*

(*Il est endormi, et dispose lentement une table sur laquelle il place une bouteille et plusieurs verres : il baille de tems à autre*).

AIR : *Un jour de cette automne.*

Tatigué ! com' j'enrage
D'me lever si matin ;

(*Il range.*)

Mettons-nous à l'ouvrage,
Quoiqu' je n'sois guère en train :

(*Il se verse un verre de vin et finit l'air plus vîte.*)

Pour m'donner du courage,
Buvons un verre de vin.

(*Après avoir bu.*)

Cela fait du bien, ça réchauffe !.... Faut convenir qu'c'est une condition ben gaudiche que celle de garçon marchand de vin ! jamais, d'repos, toujours marcher, courir, aller, venir, trotter, servir, et, par dessus tout ça, n'pas dormir... Il faudrait être de fer pour y résister. Ah ! pauvre Requiqui, tu n'es pas au bout ; y a-t-à piocher. Dam ! comme dit c't'autre, faut faire une fin, on ne peut pas toujours vivre heureux, comme l'poisson dans la friture ; et, quoiqu' je n'sois pas t'anchanté d'ma condition, je m'résigne, et je m'y tiens ; je n'ai pas toujours été aussi raisonnable, et j'ai passé par plus d'un tamis.

AIR : *Une fille est un oiseau.*

D'abord, chez un épicier,
Je fis mon apprentissage ;
Mais bientôt j'ployai bagage.
Et fus chez un pâtissier.
Je n'm'y plut pas davantage ;
Et brisant mon esclavage,
Je vins chercher de l'ouvrage
Chez mon parrain
Ripopin.
Son exemple m'encourage ;
J'commence à devenir sage,
Et j'mets de l'eau dans mon vin. (*bis.*)

SCENE II.

LE PRÉCÉDENT, MADRIGAL (*Il ouvre sa boutique.*)

REQUIQUI.

Le voisin Madrigal est bien matinal aujourd'hui.

MADRIGAL.

Bon jour à mon voisin Requiqui.

REQUIQUI.

Comment vous en va ce matin?

MADRIGAL.

Mais pas mal, pas mal!

REQUIQUI.

Vous v'là de bonne heure à l'ouvrage?

MADRIGAL.

Un homme de lettres se doit tout entier au public, qui lui fait l'honneur de l'employer.

REQUIQUI.

Homme de lettres.... C'est ronflant ce nom-là.

MADRIGAL.

Honorable sur-tout, honorable! mon ami.

AIR: *Fidèle époux.*

A chacun je prouve mon zèle,
On me connoit dans le quartier;
Je suis aussi de chaque belle
Le confident, le chansonnier;
Et comme on trouve en ma boutique
L'esprit que l'on n'a jamais eu,
Je t'assure que pour pratique
J'ai plus d'un nouveau parvenu.

REQUIQUI.

C'est ben dit ça; faut boire une goutte par là-dessus.

MADRIGAL.

Tu as raison, cela soutient.

REQUIQUI.

Qu'avez-vous donc? vous avez l'air ben triste.

MADRIGAL.

Ah! mon ami, je n'ouvre jamais cette boutique sans avoir le cœur déchiré.

REQUIQUI.

Et pourquoi donc cela, M. Madrigal?

MADRIGAL.

Elle me coûte les souvenirs d'un établissement superbe, que j'avois dans le quartier du Palais.

REQUIQUI.

Un établissement.

MADRIGAL.

Oui, mon ami, une propriéte que je possédois de puis soixante ans. . . . De père en fils!

REQUIQUI.

Et comment. . . .

MADRIGAL.

J'ouvrois ma boutique. . . . Il y avoit huit jours que je n'avois pas étrenné. . . . . Un jeune homme vient me trouver pour une déclaration d'amour. . . . C'est mon fort, les déclarations. . . . j'étois connu pour cela dans le quartier. . . . C'étoit le jour du grand vent. . . . Un tourbillon prend mon bureau en flanc, flin flan. . . . patatra. . . . Renversa ma propriété et m'ensevelit sous les ruines. . . . En voilà encore les marques; tant que je vivrais je verrai cet événement de mauvais œil.

REQUIQUI.

Mais avec les débris, vous pourriez reconstruire. . . .

MADRIGAL.

La mère Baignet les a ramasés pour faire rôtir ses marons.

REQUIQUI.

Tâchons d'oublier tout cela (*il presente le flacon d'eau de vie*).

MADRIGAL.

Je ne puis y penser sans répendre des larmes (*en presentant son verre.*) Allons, ceci essuyera tout cela.

REQUIQUI, *versant et buvant avec lui.*

A votre santé, monsieur Madrigal.

MADRIGAL.

A la tienne, mon ami, et à celle de ton respectable parrain, M. Ripopin. (*Il tire deux sols de sa poche et les lui donne.*) Voilà mes deux sols.

RIQUIQUI.

Non pas, s'il vous plait; je régale aujourd'hui.

MADRIGAL.

Allons, allons, ce sera demain mon tour;. . . . . Et comment se porte-t-il le parrain.

REQUIQUI.

Oh! ce n'est pas la santé qui l'y manque, mais c'est qu'il est d'une obstination, d'une obstination qu'on dirait d'un mulet, M. Madrigal.

MADRIGAL.

Mets une virgule, mon ami. . . . mais comment cela donc.

REQUIQUI.

Pardine, est-ce qu'il n'est pas décidé à bailler sa fille Fanchette à se fareau de Guillaume, qui plante là Mlle Bonbec tout fin droit pour épouser notre jeune maitresse.

MADRIGAL.

Ca fera du bruit dans le quartier! Mlle Bonbec n'est pas fille à se laisser souffler le pion. . . . . Mais tout de bon?

REQUIQUI.

Sans doute, c'est une affaire presque baclée ; et, quoique Mlle Fanchette ne soit pas du tout d'avis de se laisser épouser par lui, mon parrain n'écoutant que sa tête, la force à sacrifier Laviolette, qu'alle aime de toute son ame.

MADRIGAL.

Comment ! mon voisin préférerait Guillaume à Laviolette ! ce cher Laviolette, qui à un si bon naturel...... Il ne passerait pas une fois devant ma porte sans m'offrir le petit verre, là, le petit verre.

REQUIQUI.

Sans doute, et puis il a toujours des jolies choses à dire sur l'histoire de la guerre, ah ce n'est pas pour dire ; mais il m'a décidé du premier coup.

MADRIGAL.

Diable ; mon voisin, est-ce qu'il vous aurait décidé pour l'art militaire ?

REQUIQUI.

Non, monsieur Madrigal, j'ai de trop bonnes raisons à opposer.

Air: *Cet arbre apporté de Provence.*

Ce jeu là ne saurait me plaire.
On y perd les jambes, les bras;
Il ne faut qu'une maudite affaire
Pour y rencontrer le trépas.
Ah ! quelle disgrace fatale,
Si com' Saint-Denis, un beau matin,
J'arrivais dans la capitale,
Rapportant ma tête à la main.

MADRIGAL.

Ah ! ah ! ah ! et le voisin préfère...... Mais voici Guillaume... Il a l'air réfléchi ; *motus*, voisin ; *motus*, la politique veut que je sois bien avec tout le monde.

SCENE III.

LES PRÉCÉDENS; GUILLAUME.

GUILLAUME.

Je v'nais tout droit dans vot' niche.

MADRIGAL.

Monsieur Guillaume n'a pas pris la peine de jetter les yeux sur ma demeure, il aurait vu que ce n'est pas une niche. C'est un bureau.... oui, un bureau, mon ami, un bureau.

GUILLAUME.

Pardon, monsieur Madrigal, si ma réminiscence ne m'a mis à même d'apprécier ce que je vous dois, et par conséquent, par cette raison....

MADRIGAL.

Il n'y a pas de mal, mon enfant, pas de mal; mais, à quoi, monsieur Madrigal peut-il avoir l'honneur de vous être utile.

GUILLAUME.

Oh! je voulais tant seulement savoir si vous pouviez me tourner zun billet en magniére de lettre...... là qui pût décider Mlle Fanchette à me donner son cœur.

(Requiqui tire Madrigal par l'habit.)

MADRIGAL, *bas à Requiqui.*

Mon état, voisin, veut des mnéagemens.

GUILLAUME.

Ce que j'en dis, c'est que je suis-t-assuré qu'il n'y a que l'énnumération de vos talens qui puisse répondre à l'amant le plus t-infortué.....

MADRIGAL.

Oui, mon ami, qu'and au talent tout le monde est d'accord que j'en possède: aussi, vois-je venir à mon bureau tout ce qu'il y a de mieux à la place Maubert; et chaque je me fais un vrai plaisir d'obliger ceux qui veulent bien se servir de ma muse.

AIR: *En quatre mots.*

Lettres d'amans.
Lettres de compliments,
Lettres de consolations,
Lettres d'afflictions;
Lettres de condoléance,
Lettres de reconnoissance,
D'avis
Et d'amis.
A peu de frais
Je fais
Bouquets,
Couplets,
Etats, pétitions
Devis, traductions,
Sonnets, rondeaux;
Eh madrigaux;
Enfin des écritaux.

GUILLAUME.

Je suis-t-enchanté, monsieur Madrigal, de voir la magnière, la tournure, oui, je suis-t-enchanté....

MADRIGAL.

Non, monsieur Guillaume, non..... Vous ne voyez rien..... Mais entrons dans mon bureau, c'est là que je vous prouverai si je puis mériter votre confiance. (*à Requiqui*) Voisin; je vous salue. (*Guillaume et Madrigal se font des compliments pour le pas.*)

REQUIQUI.

Comment le voisin Madrigal.... Mais chut, j'apperçois mon parrain et Melle Fanchette.

SCENE IV.

LE PRÉCÉDENT, M. RIPOPIN et FANCHETTE.

FANCHETTE.

Mon père, vous m'avez élevée avec tant de douceur, que la plus légère idée de vous déplaire m'affligerait autant que mon amour est sincère pour M. Laviolette ; mais, mon père, voudriez-vous exiger de votre fille, de votre amie !.... Vous m'avez toujours qualifiée de ce doux noms.... qu'elle donnât sa main à Guillaume, avec qui elle ne saurait être heureuse ; à Guillaume, qui est aussi éloigné du sentiment que Laviolette est près de cette politesse qui prévient tous les cœurs en sa faveur.

RIPOPIN.

Mon enfant, je suis bon père, et je suis ravi que tu saches apprécier tout ce que j'ai fait pour toi. Depuis que ta défunte mère me recommanda d'avoir soin de sa fille, et sur-tout de ne pas gêner son inclination, cette parole n'est jamais sortie de ma mémoire.

FANCHETTE.

Ma mère était donc si bonne !

RIPOPIN.

Oui, ma fille, et je trouve en toi tout son portrait !.... Que je suis malheureux d'avoir donné ma parole à Guillaume.

FANCHETTE.

Votre parole, mon père !

RIPOPIN.

Oui, mon enfant, et tu sais que je n'ai jamais su y manquer.

FANCHETTE.

Mon père !.... Mais si je puis le forcer de renoncer à ma main.

RIPOPIN.

Alors je reste libre, et je ne m'opposerai jamais à ce qui pourra te rendre heureuse.

REQUIQUI.

Ah ! voilà, mon parrain la première fois que je vous vois raisonnable.

RIPOPIN.

Je n'ai pas besoin, monsieur, de vos observations : suivez-moi. (*à Fanchette*) Ma fille, je vais revenir.

REQUIQUI (*à part*)

Suivez-moi, suivez-moi ; c'est guignonant ça, et la journée pourrait bien ne pas se passer sans qu'il ne me fasse quelque taquinerie.

RIPOPIN.

Que dites-vous ?

REQUIQUI.

Je dis que je vous suis, parrain. (*ils sortent.*)

SCENE V.

FANCHETTE (*seul.*)

Quels moyens prendre pour éloigner de moi le rival de mon amant. Ah! l'amour m'en suggerera .... Oui, je ferai tout pour celui que j'aime.

AIR: *Il faut des Epoux assortis.*

Malgré les accidens fâcheux
Qui s'opposent à notre flamme,
Ah! mon cœur est trop amoureux
Pour souffrir que je sois sa femme:
De me contraindre il auroit tort;
Je crains peu sa rigueur extrême,
On peut braver les coups du sort
Quand on souffre pour ce qu'on aime.

SCENE VI.

FANCHETTE, GUILLAUME.

GUILLAUME.

Objet chéri de la plus tendre flamme, mon cœur, mon amour verront-ils finir le tourment que vous leur avez-t-inspiré.

FANCHETTE. (*embarrassée*)

Monsieur, monsieur....

GUILLAUME.

Oui, mamzelle, je n'puis vour voir sans-t-être suffloqué d'une ardeur comme on ne peut pas pas-t-incroyable.

AIR: *Des Plancheurs.*

Tout en vous me charme et me touche,
Je suis épris de vos attraits;
J'aime ce menton, cette bouche,
Et ces deux jolis p'tits quinquets:
J'aime encore en vous autre chose,
On devine bien ce que c'est.
Qu'à mon ardeur rien ne s'oppose;
Partagez mon amour discret.
Si d'vous épouser j'ai l'envie,
C'n'est pas pour avoir vos noyaux;
J'veux avec vous si je m'marie,
Qu' vous soyez t'heureuse aux oiseaux.

FANCHETTE.

Je ne doute pas, monsieur, de votre franchise, et je vous crois même assez généreux pour ne pas me contraindre.

GUILLAUME.

Comment, mamzelle, jamais mon amour ne me rendrait capable de terciverser vos plaisirs.

AIR : *De la Bonaparte*, contre-danse.

Si l'amour
Pouvait en ce jour
M'unir à vous, belle Fanchette;
Si l'amour comblait mes desirs,
J'nagerions dans les plaisirs:
Sans cesse zà la guinguette
Nous serions toujours en fête;
Et mes vœux les plus ardens
S'raient pour vos amusemens.
Si l'amour, &c . . . . .
Vous seriez après l'hyménée,
Promenée
Parée,
Choyée;
J'irions narguer le chagrin,
J'walserions soir et matin.
Si l'amour, &c . . . . .
Mais quand le froid ou la pluie
Ferait garder la maison,
J'irions voir la targédie
Au théâtre du Panthéon.
Si l'amour, etc . . . . .

Oui, mamzelle, ne laissez plus l'amant qui brûle de vos attraits, dans l'indiscrétion d'son bonheur.

FANCHETTE.

Je desirerais de toute mon ame pouvoir répondre à vos sentiments ; mais, monsieur Guillaume, si j'avois..... Si j'avais.... Si j'avois une inclination.... Ah! monsieur, vous êtes trop juste, trop......

GUILLAUME.

J'vous entends, mamzelle, et je vois que M. de Laviolette veut m'supplanter : ce n'est pas-t-à vous, Mlle, que j'en veux, mais ; dieu de ma vie, s'il m'tumbe sous le battoir.... Ah ! Je n'm'tonne plus s'il vient tous les jours vous empomer de ses belles salutations.

FANCHETTE.

Monsieur, croyez....

GUILLAUME.

J'crois que tout est décidé; et je n'vous écouterai que lorsqu'il m'aura rendu raison de son inconveniance.

(Il se promène d'un air furieux et gesticulant. Fanchette sort en témoignant la plus vive inquiétude.)

SCENE VII.

GUILLAUME et MADRIGAL.

MADRIGAL (*une lettre à la main.*

J'espère, monsieur, que vous serez satisfait de la missive : elle toucherait le marbre, oui le marbre, M. Guillaume, le marbre!

GUILLAUME.

Il faudrait ben plus, monsieur Madrigal; il faudrait qu'elle fondit zun rocher.

MADRIGAL.

Mais, monsieur Guillaume, la roche n'est pas si dure que le marbre.

GUILLAUME.

C'est égal, mais n'pensons plus qu'à la faire parvenir sans mésaventure, car, d'après ce qui vient de se passer, je ne saurais la faire intervenir.... Mais voici ce quinquinet d'Requiqui, il peut seul me tirer d'affaire.

SCENE VIII.

LES PRÉCÉDENTS, et REQUIQUI, (*entrant lentement*).

GUILLAUME.

Ecoute donc, mon fi, avance en scène; j'avais t'charger d'un petit brouillon pour me repatrier avec Mlle Fanchette: Quiens.

REQUIQUI

Dam, monsieur Guillaume, est-ce que vous m'prenez pour une boëte à lettres, et pis quand ça serait, n'faut i pas affranchir quelque fois.

GUILLAUME.

Tu as raison, et si tu remplis mon destin, j'te gratifierai en conséquence.

REQUIQUI.

Tout c'que j'en dis, monsieur Guillaume, c'est pour rire.

MADRIGAL.

Je pensais aussi que le voisin à l'ame trop grande....

REQUIQUI.

Ah! pas du tout; vous n'y êtes pas; je veux dire que je n'suis pas comme certains hommes à qui l'intérêt fait tout faire.

MADRIGAL.

Ah! c'est comme cela aussi que je l'entends.

REQUIQUI.

Oh! bien voilà comme vous ne l'entendez pas; car je ne veux pas m'en charger.

GUILLAUME (*en colère*).

Eh! bien, si tu refuses, monsieur de la boëte aux lettres affranchies j't'applatis.

REQUIQUI. (*passant derrière Madrigal*).

Ne v'la-t-il pas qu'il croit d'me faire peur avec son gros phisionnement criblolé.

GUILLAUME (*outré de colère, court sur lui, fait des grands mouvements; et lorsqu'il l'a joint :*)

Petit requin d'eau douce, chenevi bâtard, que je t'émonde.

MADRIGAL (*les séparant*)

Un moment, monsieur Guillaume, on ne pousse pas les affaires si loin ; on n'attire pas les mouches avec du vinaigre. (*Il secoue la tête et couvre de poudre Guillaume.*)

REQUIQUI (*transi de peur.*)

Vous avez raison, monsieur Madrigal.

GUILLAUME.

Qu'il se charge de ce paquet, et tout z'est fini.

REQUIQUI (*à part*)

Puisque je n'sis pas l'plus fort (*tout haut*) et ben donnez.

GUILLAUME.

Qu'il soit rendu z'à son poste, sans quoi suffit, il m'entend. (*Il sort.*)

SCENE IX.

LES PRÉCÉDENTS, (*excepté Guillaume*).

REQUIQUI.

Comme il y allait, et sans vous, voisin.

MADRIGAL.

Aussi! vous allez trop vîte, voisin ; trop vîte.... Mais sa lettre, vas-tu la porter ?

REQUIQUI.

Sa lettre, sa lettre....

MADRIGAL.

Observe qu'il ne m'a pas encore payé.

REQUIQUI.

Sa lettre, je la mets dans ma poche.

MADRIGAL.

Je suis satisfait.

REQUIQUI.

J'voulais aussi, monsieur Madrigal, vous consulter sur un mariage.

MADRIGAL.

Un mariage! bonne affaire, mon fils, bonne affaire ; mais combien ça pourra-t-il me valoir ?

REQUIQUI.

Mais, monsieur Madrigal, c'est relativement à moi que j'veux......

MADRIGAL.

Tu veux te marier! cela change de note ; et quel est l'aimable objet qui pourrait fixer ton attention ?

REQUIQUI.

Je vais vous l'dire.

AIR : *De la Fille en loterie.*

Il faudrait pour fixer mon cœur,
Et m'décider au mariage,
Que j'trouve une fille d'honneur,
Aimable, tendre, belle et sage:
Qu'à la douceur, à la raison,
Elle joigne un bon caractère.

MADRIGAL.

Tu pourras, mon pauvre garçon,
Rester long-tems célibataire.

REQUIQUI, *lui répond.*

Mon voisin, votre jugement
Me parait beaucoup trop sévère;
Je n'sis qu'une bête et stapendant
Du vôtre mon avis diffère:
Des femmes, com' j'en ai besoin,
J'aime à croire l'espèce commune:
Il ne faut pas aller si loin;
L'voisinage en offre plus d'une.

SCENE X.

LES PRÉCÉDENS, LAVIOLETTE.

LAVIOLETTE.

Bon jour à monsieur Madrigal.

MADRIGAL.

Je salue monsieur Laviolette.

LAVIOLETTE.

Puis-je m'informer si monsieur Madrigal a bien passé la nuit,

MADRIGAL.

Parfaitement, mon ami.

LAVIOLETTE.

Je suis bien sûr, mon cher Requiqui, que tu m'en diras autant, et sur-tout que l'adorable Fanchette, que j'aime plus que ma vie, ne songe qu'à couronner les plus tendres vœux de ton ami Laviolette.

REQUIQUI.

Ce n'est pas de l'amour qui lui manque, mais......

MADRIGAL, (*bas à Requiqui.*)

Voisin, taisez-vous; votre inconséquence....

LAVIOLETTE.

Mais quoi, mon bon ami?

REQUIQUI, *à part.*

Il a raison. (*haut.*) Mais je voulais tant seulement dire que j'serois ben content de savoir quelque chose des nouvelles de la guerre, d'un combat par exemple.

LAVIOLETTE, *s'adressant à tous deux.*

Ah! c'est bien facile.

AIR: *Du pas redoublé.*

Lorsque, dans le sein du repos,
On bat la générale,
Alors un horrible cahos
De Mars peint le dédale.
La nuit, couvrant d'un voile épais
Des tourbillons de flame,
Ne laisse voir que le Français
Eclairé par son ame.

La foudre lente à le servir;
Peint son impatience;
Il jure de vaincre ou mourir;
Il affronte, il s'avance:
Pressant, brisant, au même instant,
La masse formidable,
Par tout son fer étincelant
Le rend invulnérable.

(Il les prend par la main.)

AIR *De Walse.*

De retour,
Après la victoire,
A l'amour
Il offre sa gloire;
Et Bacchus ornant sa mémoire.
Dans le vin
Il noye son chagrin.
En célébrant sa conquête,
ar la chansonnette,
Assis sur l'herbette;
Il boit en vert galant,
Auprès de sa belle
Il est toujours fidèle,
Toujours triomphant,
De retour, &c.

Mais soudain le tambour raisonne,
Le signal se donne;
Par-tout l'airain tonne;
Il court des premiers;
Et conduit par Bellone,
Bientôt il moissonne
De nouveaux lauriers.
De retour, &c.

MADRIGAL.

Bien, Monsieur, bien! de mieux en mieux.

REQUIQUI.

Je sis si content, ah! mais si content, que je voudrais bien pouvoir vous rendre quelque service, là important.

LAVIOLETTE.

Mon ami, tu peux m'en rendre un bien grand, en remettant cette lettre à la belle Fauchette.

REQUIQUI.

Baillez ; ah! pour celle-ci, je la mets contre mon cœur. Tenez monsieur Madrigal, il faut faire une petite tournure, ça f'ra qu'il m'viendra dans la tête.... là quelque moyen.... vous m'entendez.

MADRIGAL.

Pour la remettre avec finesse ; n'est-ce pas, petit espiègle.

REQUIQUI.

Jusse. (*Ils sortent.*)

SCENE XI.

LAVIOLETTE, *seul.*

Que d'obstacles pour arriver à mon but ; que de difficultés pour parvenir à décider le père de mon amante en ma faveur.

AIR : *Aux montagnes de la Savoye.*

Enfant du dieu de la victoire,
Je ne le suis pas de Plutus ;
J'apporte en dot beaucoup de gloire,
Mais je n'apporte pas d'écus :
Je ne possède, hélas ! en France,
Que mon amour, l'honneur, mon grade et l'espérance.

SCENE XII.

LAVIOLETTE, FANCHETTE.

LAVIOLETTE, *court au devant de Fanchette.*

Mon aimable amie, quand verrai-je arriver ce jour fortuné ! ce jour ! qui seul peut rendre la paix à mon coeur.

FANCHETTE.

Mon ami, mon amant, tous mes vœux tendent à couronner votre tendresse ; j'ai fait auprès de mon père tout ce que me dictait notre amour, pour l'engager à éloigner de moi un hymen qui, nous séparant à jamais, appésentiroit les doigts du temps sur notre pénible existence.

SCENE XIII.

LES PRÉCÉDENS, RIPOPIN.

RIPOPIN.

Je te l'ai dit, mon enfant ; je ne puis consentir à ton hymen avec monsieur, qu'autant que Guillaume me dégagera de ma promesse.

LAVIOLETTE.

Monsieur ! voudriez-vous la perte de votre adorable fille ;

FANCHETTE.

Voudriez-vous, mon père, faire trois malheureux, car vous ne pourriez survivre à votre fille, que son désespoir vous enleverait à la fleur de ses plus belles années.

RIPOPIN.

Tu sais, mon amie, que je ne puis consentir à éloigner Guillaume qu'aux conditions que tu parviendras toi même à me dégager de ma parole.

FANCHETTE.

Oui, mon père...... j'ai déja porté les premiers coups, et j'espère......

LAVIOLETTE.

Monsieur, nous répondons de tout ; rendez-nous heureux !

RIPOPIN.

N'ai-je pas à craindre l'indiscrétion si naturelle à la jeunesse.

FANCHETTE.

Mon père, je garderai le plus grand silence.

RIPOPIN.

Et sur-tout aux femmes !

FANCHETTE.

Je ne parlerai jamais......

RIPOPIN.

Ah! c'est un peu fort.

AIR : *Ça ne se peut pas.*

On peut voir un fou raisonnable,
On peut voir un fidèle amant,
On peut voir un jaloux aimable,
On peut voir un mari galant,
On peut voir un prêteur honnête,
Prendre l'intérêt le plus bas ;
Mais voir une femme muette,
Ça n'se peut pas, ça n'se peut pas.

LAVIOLETTE.

Ah ! permettez-moi de justifier ce sexe charmant ! il est pour moi le chef-d'œuvre du créateur.

AIR : *Des petits Montagnards.*

Lorsque la fortune intraitable
Sur nous épuise ses rigueurs ;
N'est-ce pas vous, sexe adorable,
Dont la main vient sécher les pleurs?
Le malheureux dans la tristesse,
S'il vous possède auprès de lui,
Trouve bientôt dans sa détresse
Un consolateur, un appui.

RIPOPIN.

Monsieur, vous me faites appercevoir que ma fille, ma tendre amie,

amie, ne saurait être malheureuse avec vous; mais il faut que la fortune de son côté réponde.....je verrai ce que j'aurai à faire...... mon amie, suis-moi..... monsieur, vous m'avez inspiré de l'estime. (*Il entre avec sa fille dans sa boutique.*)

SCENE XIV.

LAVIOLETTE GUILLAUME.

GUILLAUME.

A moi, monsieur, z'un mot !

LAVIOLETTE.

Le ton que vous prenez ne me plait ni ne m'en impose; je sais où vous voulez en venir, monsieur, et ce n'est pas avec des mots que nous terminerons notre différent.

GUILLAUME.

Euh ! dites donc, mon petit, est-ce que vous me prendriez pour une mâture d'enseigne? et les abattis, mon fils, (*en remuant ses bras*) et pas plutôt levés que pas plutôt tombés; mais bref, je m'résume; choisis ton arme, la mienne, çà (*en lui montrant ses poings*) z'ou le bâton: tu peux demander z'à Fanfan comme je frise une moustache.

LAVIOLETTE.

Je ne saurais profiter, monsieur, d'une arme qui, au moindre jour, (*en faisant un mouvement de quarte-haute*) me permettrait de vous percer impunément jusqu'à la garde.

GUILLAUME. (*Faisant le mouvement de la huitième division du bâton*).

Oui, mon fils, mais gare à tes quilles.

LAVIOLETTE.

Ne puis-je pas, d'un seul revers, faire voler en éclats le faible roseau que tu m'opposes.

GUILLAUME.

Euh ! mais, dis donc ?

AIR : *Trouverez-vous un Parlement ?*

Crois-tu d'm'en avoir imposé,
Ta prudence d'vient ridicule;
Çà, mon mignon, assez causé,
Personne ne craint ta férule.
Trottons, mon fi, sans tâtonner;
Sous ma main un roseau badine,
Un feuy'ton n'sauroit l'entamer,
Il est fait de bois de Racine.

LAVIOLETTE.

Puisque vous me piquez au vif, monsieur, sachez que des égards que je dois à mon corps, m'empêchent d'accepter; choisissez l'arme que vous voudrez; et pourvu qu'elle ne me dégrade point, je suis prêt à vous suivre.

GUILLAUME.

Z'un français n'a pas besoin d'une casaque de plus ou de moins sur le corps, pour montrer sa bravoure.

AIR : *Mon Père était Pot.*

Allons, il faut sans marchander
Terminer la querelle;
Viens, mon fiston, sans plus tarder;
Viens où l'honneur t'appèle:
Et sur le terrain,
La flamberge en main;
Je te ferai voir comme
Sans bruit, sans témoin,
J'travaille au besoin.
Le casaquin d'un homme.

LAVIOLETTE.

Nous verrons précisément cela au champ d'honneur.

AIR : *Du Pas redoublé.*

Crois-tu donc me faire trembler
Par tes fanfaronnades?
Tu vois que, loin de me troubler,
Je ris de tes bravades . . . . .
Quand par l'honneur on est conduit,
On sait mieux se contraindre,
Celui qui fait le plus de bruit,
N'est pas le plus à craindre.

GUILLAUME.

Marchons.

LAVIOLETTE.

Suis-moi. (*Ils vont pour sortir*).

SCENE XV.

LES PRÉCÉDENS ET Mlle BONBEC.

Mlle BONBEC, (*arrêtant Guillaume*).

Comment, monsieur Guillaume, ousqu'est donc la promesse que vous m'avez faite? comme si nous n'avions pas couru toute la matinée pour vous la rénumérer; mais jarni je vous tiens et je n'vous quitte plus sans être épousée.

GUILLAUME.

Vous épouser, moi, j'ai ben d'autres choses à penser; et d'ailleurs tenez, mamzelle Bonbec, il faut vous l'dire franchement je vais me battre pour mon objet.

Mlle BONBEC, (*les poings sur les hanches*).

Comment, chien d'réprouvé, après m'être avancée au vis-à-vis de toi, tu m'refuses et je reste compromise? Mais voyez donc c'gueux revêtu, n's'rait-il pas un morceau ben friant, donc? oh! l'beau nanan, avec sa face de carême! Parle donc monsieur Dablême, tu fais ben l'rencheri avec ton teint moisi. Qu'il est donc biau c't'oisiau? n'faut-i pas lui choisir sa cage? apprends, vieux rhinocéros, qu'j'en ai refusé qui valoient z'au bout de leu doigt mieux que toi dans ton individu: et c'que j'dis, c'n'est pas pour m'vanter dà, car je n'suis pas vanteuse; mais j'n'en reviens pas, c'grand échalas, avec ses pattes en flageolet; mais parle donc, monsieur Fluet, ousque t'as donc mis tes mollets? Grand esprit folet! Vieux parchemin racorni! Si l'tambour de la ronde majeure passait, il t'prendrait pour lui servir de falot: et ben te v'là zà quia, tu n'réponds plus que par des silences.

GUILLAUME, (*qui a eu de la peine à se contenir*).

Mamzelle, si vous n'étiez pas-t-une femme, il y a loug-temps. .... mais j'respecte le sesque. (*Il sort avec Laviolette*).

SCENE XVI.

Mlle BONBEC (*seule*.

Mais voyez un peu qui l'aurait dit après tout ce que j'ai fait; jarni, fiez-vous aux hommes; ils vous plantent là pour la première venue: çà te vient bien, ma fille, çà te vient bien; mais çà ne s'passera pas comme çà; il faut que j'lui arrache les yeux.

SCENE XVII.

LA PRÉCÉDENTE, REQUIQUI.

REQUIQUI, (*avec le plus grand flegme*).

Mamzelle Bonbec voudrait-elle me permettre, par cette raison que je lui.................

Mlle BONBEC.

Allons, mon fils, pas tant de caressements.

REQUIQUI.

Mamzelle, c'est que vous avez un air, mais un air si volupteur.

Mlle BONBEC.

A bas ces grandes stations; donne-moi plutôt quelque chose de bon pour m'remettre......... mais allons donc, de la mouvance; mais veux-tu donc bouger, moucheron rempaillé, (*elle le pousse, le fait tomber à la renverse sur un grand baquet à rincer des bouteilles. Requiqui lève les bras et lès jambes pour sortir. Mlle Bonbec rit.*) ne v'là-t-il pas qui ressemble comme deux goutes d'eau à une araignée tombée dans un verre d'rogom.

REQUIQUI, (*sortant du baquet*).

Oui, c'est ça; elle rit comme une poule qui a trouvé z'une gamelle......... Dites-moi donc enfin c'qui vous faut.

Mlle BONBEC, (*s'assuyant*).

Eh ! qu'il est bête.

AIR : *Nous nous marierons Dimanche.*

Je bois le matin
Un verre d'brand vin ;
Voilà mon premier chapitre.
Lorsqu'un second coup
Peut flatter mon goût,
Je l'inscris sur mon regître ;
Donne-moi donc
De ce flacon,
    Bélître,
Mon estomac
Veut du coignac
    Au titre.
Il est ma foi bon,
Reprends ton flacon,
Verse un double décilitre.

REQUIQUI.

Mamzelle, vous v'là revenue à vous-même ; mais dites-moi donc, tout à l'heure, je n'vous connaissais pas.

Mlle BONBEC.

A propos tu m'fais ressouvenir que j'ai juré de poursuivre ce chien de Guillaume jusqu'à la mort.

REQUIQUI.

Ah ! mon dieu, est-ce que vous allez recommencer, mamzelle.

Mlle BONBEC.

Ce sera ben pire, va.

REQUIQUI, (*saisi de peur, cherche à se cacher*).

Ah ! mon Dieu !

Mlle BONBEC.

N'aye pas peur, c'n'est pas-à-toi qu'j'en veux, c'est à ce chien de Guillaume, qui m'a apostrophée, en me disant qu'il s'allait battre pour son objet ; mais, jour de mon ame, je vais le déterrer, ou sans quoi, j'revient ici, et je fais une targédie y a coup de pieds et y a coup de poings qui illuminera tout le quartier ; mais commençons par ce grand escogrif de Guillaume ; et, pour lui faire voir de quoi que je suis capable : courons faire une omelette au beurre noire sur sa caigneuse de figure ; allons, ma fille, soutiens ta colère et trottons. (*Elle appuie les deux mains sur son bonnet, et sort*).

SCENE XVIII.

REQUIQUI, (*seul*).

Ah ! mon Dieu ! c'n'est pas une femme c'est un diable ! comme elle est mordante, elle est plus que mordante, ... elle est rongeante, c'n'est pas étonnant, elle reste dans la rue des Rats. Mais, que viens-je d'apprendre ! si l'pauvre M. Laviolette allait succomber........ et Guillaume .... dans le fonds.... .... il n'est pas méchant non plus ; jarni comme c'est soiant çà.. .... aussi, c'est bien l'entêtement de mon parrain.......

SCENE XIX.

LE PRÉCÉDENT, RIPOPIN.

RIPOPIN.

L'entêtement de votre parrain............

REQUIQUI.

Oh ! non il ne l'est pas, mon parrain ; (*en s'éloignant et à part.*) comme je ments : (*haut*) tenez, quand ce ne serait que lorsque j'vous sers à table : puis-je vous présenter une fourchette, une assiette, un plat.......... sans vous entendre dire : « et les doigts des laquais sur l'assiette tracés. »

RIPOPIN.

Il est opie jusqu'à Boileau.

REQUIQUI.

Je sais bien que c'est là votre fort ; mais je n'en boirai pas une seule goutte, car vous n'êtes pas marchand de vin, mon parrain, pour des prunes.

RIPOPIN.

Non, monsieur le drôle, mais la première fois que je vous trouverai...... (*Il va du côté opposé ; et, tandis qu'il a le dos tourné, Requiqui se verse un verre d'eau-de-vie : au moment où il boit, Ripopin l'apperçoit, et vient le prendre par l'oreille, en passant l'autre main entre sa bouche et le verre.*) Comment, monsieur, en ma présence !

REQUIQUI.

Laissez donc ; finissez donc, mon parrain....... vous dites aussi qu'on n'muselle pas l'bœuf qui foule le grain.

RIPOPIN.

Non, mais on muselle l'âne. (*Requiqui, en tirant son mouchoir de sa poche, pour s'essuyer, laisse tomber la lettre de Guillaume.*) Ah ! des messages.

REQUIQUI.

Mais, c'est le diable donc qui s'en mêle.

RIPOPIN, (*s'approchant*).

Dites donc, monsieur, pour qui cette lettre ?

REQUIQUI.

Cette lettre, mon parrain..... cette lettre...... est pour.....

RIPOPIN.

Pour ma fille !

REQUIQUI, (*à part*).

Ah ! pauvre Requiqui : c'est fait d'toi. (*haut*) Tenez, parrain, il n'y a pas plus de malice.........

RIPOPIN.

Voyez un peu qui pourrait penser; mais lisons : « L'amour que » vous m'avez inspiré, lorsque je vous vis pour la première fois » au théâtre du Panthéon, me pétrifia.

REQUIQUI, (*à part*).

Ah ! mon Dieu, qu'est que ça veut donc dire ?

RIPOPIN, (*continuant*).

» Et Mérope ne me parut plus que votre suivante; permettez » donc mademoiselle, qu'un amour.....

REQUIQUI, (*à part*).

Ahie ! ahie !

RIPOPIN.

» Vertueux et timide soit encouragé. »

REQUIQUI, (*encouragé*).

Ah ! quand j'dis, parrain, vous voyez qu'il n'y a pas de mal à cela ; et ma conscience est pure. (*il pose la main sur sa poitrine, et pressant son gillet comme pour faire un serment, laisse appercevoir la lettre de Laviolette*).

RIPOPIN, (*la prend ; Requiqui reste anéanti*).

Mais voyez un peu ce drole !

REQUIQUI.

Eh ! bien oui, parrain.

RIPOPIN, (*dépliant la lettre*).

Encore à ma fille ! mais ! c'est de Laviolette : (*il la parcourt rapidement des yeux*) allons ; protestations de s'aimer éternellement......... j'ai été jeune aussi.........(*à Requiqui*) petit mauvais garnement, si jamais pareille chose vous arrive, chassé de chez moi. (*il rentre chez lui.*)

SCENE XX.

REQUIQUI, (*seul*).

D'un côté applati, de l'autre chassé; c'est rechignant çà : aussi j'aurois bien dû les remettre............çà auroit été peut-être encore pire, car mademoiselle ne plaisante pas non plus........ ce qui me taquine avec tout çà, c'est ce maudit combat......... je n'sais plus où j'en suis......... mais m'trompé-je ! c'est Laviolette.

SCENE XXI.

LE PRÉCÉDENT, LAVIOLETTE ET GUILLAUME.

GUILLAUME.

Jurons-nous une amitié, là toute du fond du cœur.

LAVIOLETTE.

Il m'est bien doux de m'être fait un ami aussi franc que généreux.

REQUIQUI.

Ah ! mon Dieu, que je suis content : mais j'n'en r'viens pas moi !

GUILLAUME.

Je m'battais en désespéré ; et v'là-t-il pas qu'au moment le plus récalcitrant, Laviolette m'désarme : eh ! dam, i m'dit, mon fi, reprends ton arme ; et moi. .... et moi, j'me suis t-écrié, crois-tu que Guillaume n'a pas t-une ame : sois heureux ; je n'suis ton ami qu'à ce point.......... tiens, Requiqui, donne-nous de quoi celébrer notre réconciliation.

REQUIQUI, (*donnant une bouteille et deux verres*).

Courons vîte faire part de ma joie à tout le monde.

SCENE XXII.

LES PRÉCÉDENTS *excepté* REQUIQUI.

LAVIOLETTE ET GUILLAUME, (*après avoir bu*).

AIR : *Où peut-on être mieux ?*

Soyons toujours unis,
Soyons toujours unis,
D'une amitié sincère ;
En moi tu vois un frère :
En toi je vois un frère :
Buvons,
Chantons ;
Plus de soucis ;
Soyons toujours amis.

SCENE XXIII.

LES PRÉCÉDENTS, RIPOPIN, FANCHETTE ET REQUIQUI.

GUILLAUME, (*présentant Laviolette*).

V'là mon ami et votre gendre ; sa générosité ne doit vous laisser aucun doute..............

RIPOPIN.

Je sais tout ; mais votre action m'en prouve autant de part que d'autre, et la fortune n'est pas du côté de Laviolette.

FANCHETTE.

Mon père ! hésiteriez-vous un moment à faire mon bonheur

AIR : *Souvent je voyais sous l'ormeau.*

De grace, laissez-vous fléchir ;
Ne résistez pas davantage ;
Plutôt que de nous désunir :
A nos vœux daignez consentir ;
Approuvez notre mariage.

Votre cœur est compatissant;
Vous exaucerez ma prière:
On ne vit jamais un enfant
Implorer vainement
La bonté d'un père.

LAVIOLETTE.

Monsieur!..........

RIPOPIN.

Eh! bien, mes enfants, soyez heureux!.........

SCENE XXIV & dernière.

Les Précédents, MADRIGAL et Mlle BONBEC.

Mlle BONBEC.

Je vous l'ai dit, monsieur Madrigal; mais, foi de Bonbec, il me la payera.

LAVIOLETTE.

Arrêtez, mademoiselle, M. Guillaume fait mon bonheur; je veux contribuer au sien; venez que je fasse sa paix avec vous.

Mlle BONBEC.

Soit, mais à condition que j'serai épousée.

GUILLAUME.

Euh! ben, c'est dit.

REQUIQUI.

Oh! je vous promets ben que l'annee n'se passera pas sans que j'en fasse autant.

MADRIGAL.

Et moi, messieurs, je vous offre mes services pour les épithalames.

RIPOPIN.

J'accepte avec plaisir.

VAUDEVILLE.

Air: *Nous n'avons qu'un temps à vivre.*

RIPOPIN.

Puisque cette Matinée
Tourne au gré de nos desirs,
Pour terminer la journée,
Livrons-nous aux plus doux plaisirs.
Que le divin jus de la treille
Vienne échauffer le dieu d'amour,
A nos belles, à la bouteille,
Rendons hommage tour-à-tour.

Puisque cette matinée, etc.

L A V I O L E T T E.

J'épouse celle que j'adore,
Rien ne manque plus à mon cœur;
Enfin je vois naître l'aurore
Qui vient m'annoncer le bonheur.
Puisque cette Matinée, &c.

G U I L L A U M E.

Il faut, malgré que j'enrage,
Epouser mamzelle Bonbec;
Pour m'dédommager de c'dommage,
J'prétends qu'nous boivions toujours
sec.
Puisque cette Matinée, &c.

Mlle B O N B E C.

Va t'auras mon cœur sans partage;
Je te l'jure foi de Bonbec;
J'te dédommag'rai de c'dommage,
Sans qu'tu boives toujours à sec.
Puisque cette matinée, etc.

R E Q U I Q U I.

Si j'avis une p'tite femme
Qui m'disait com'çà mon poulet;
Tout fin drait du fond de mon ame
J'li dirais viens mon objet.
Puisque cette Matinée, &c.

M A D R I G A L.

Si ce soir en dépit de l'âge,
Chez moi j'ajoutois un couvert,
Chacun en riroit, je le gage,
Je suis encore jeune et vert.
Puisque cette Matinée, etc.

F A N C H E T T E *au Public.*

Par l'Auteur, pour vous satisfaire,
Ce tableau vous est offert,
Trop heureux s'il a su vous plaire,
En peignant la Place Maubert.
Et si notre Matinée
Toujours au gré de vos desirs,
Revenez chaque soirée
Partager ici nos plaisirs.

www.ingramcontent.com/pod-product-compliance
Ingram Content Group UK Ltd.
Pitfield, Milton Keynes, MK11 3LW, UK
UKHW021928190726
13853UKWH00002B/925